Felix Leibrock

Ich wünsch dir gute Träume

Ich wünsch dir gute Träume

Ich wünsch dir gute Träume. Ich wünsch dir, dass du loslassen kannst – alles loslassen, was dein Herz so schwer macht. Ist es der Streit im Büro oder mit den Nachbarn? Ist es die Trauer um einen geliebten Menschen? Ist es die Angst vor einer Operation? Oder ist es ganz allgemein dieses unheimliche Gefühl, das Leben nicht mehr zu packen, weil die Lasten zu schwer sind, die du trägst?

Ach, wäre das ein Geschenk, wenigstens für eine Nacht einmal loslassen zu können. Wenn du dich ohne das schwere Gepäck auf eine Reise begeben könntest, eine Reise ins Land der Träume.

Wohin dich die Reise führt? Mag sein, sie führt dich zurück in die Kindheit. Damals, als du dich geborgen gefühlt hast. Das leuchtende Angesicht der Mutter über deiner Wiege. Die Hand des Vaters, an der du durch die Dunkelheit geschritten bist. Mag sein, es tauchen andere Zeiten auf, in denen du Glück verspürt hast: Kinder, die Blumen streuen bei deiner Hochzeit. Feiern im Freundeskreis, als du noch unbeschwert warst. Vielleicht führt die Reise dich auch zu einem anderen Stern, von dem aus die Sorgen deines Lebens an Gewicht verlieren.

Eine Reise soll es sein, die dich stärkt. In der ein Engel oder eine andere gute Macht dich führen, damit du am nächsten Tag beflügelt bist, die Sorgen anzugehen. Eine Reise, die dir hilft, die nächste Stufe deines Lebens zu bewältigen. So lade ich dich ein, für diese Nacht das Gepäck zurückzulassen. Lass dich auf eine Reise mitnehmen. Ich wünsch dir gute Träume.

Licht der Welt

Die meisten Kinder können im Dunkeln nicht einschlafen. »Papa, lass die Tür einen Spalt offen«, ruft es aus dem Kinderzimmer, kaum dass das Zimmerlicht aus ist. Ein Spaltbreit Licht aus dem Flur soll in die Dunkelheit leuchten. Manche Eltern machen die Tür dennoch zu. Aber sie machen sie von innen zu und legen sich zu ihrem Kind ins Bett. Das Kind ist dann zwar im Dunkeln. Aber die Angst ist weg. Denn es fühlt sich behütet, weil jemand bei ihm ist, der stärker ist als die Dunkelheit.

Was ist das für eine Urangst vor dem Dunkel, die da tief in uns drin sitzt? Die Angst der Kinder vor dem Dunkel ist wie ein Gleichnis. Auch wir Erwachsene fürchten das Dunkel. Uns wird angst und bange, wenn dunkle Mächte uns umgeben. Dunkle Mächte: König Alkohol scheint dir der einzige

Ausweg. Dunkle Mächte: Seelenfänger und Sektengurus wollen deine Not ausnutzen zu ihrem Vorteil. Dunkle Mächte: Der Tod, den du bisher verdrängt hast, kommt dir plötzlich ganz nahe.

Ich wünsch dir, dass du einen Spaltbreit Licht erkennst, wenn dunkle Mächte dein Leben zerstören wollen. Umgeben von dunklen Mächten, falten viele Erwachsene die Hände. Sie rufen Gott an, nennen ihn auch »Vater«. So mancher spürt nach einer Zeit, wie ein Lichtstrahl in das Dunkel fällt. Und wer sich ganz auf das Gespräch mit Gott einlässt, erfährt: Da ist einer bei mir, der stärker ist als die dunklen Mächte. Einer, den die Bibel das Licht der Welt nennt.

Martinsleute

Da ziehen sie durch die Straßen mit ihren Laternen. Manche Laternen sehen wie ein Mond aus, andere wie ein Stern, wieder andere haben lustige Gesichter. Lieder für Martin singen sie. Martinsleute. Diese Kinder singen an gegen die Armut in der Welt. Oft sammeln sie für die »Tafeln«. Das sind die Vereine, die das Teilen zum Programm haben. Die den Ärmsten der Armen in unseren Städten helfen.
Die Kinder weisen auf Bischof Martin hin. So wie er, so wollen auch sie teilen. Kleider, Nahrung, Seelenschmerzen. Ihre Laternen sind Lichter gegen das Dunkel der Armut. Manchmal, da verbrennt eine Laterne, weil die Kerze zu wacklig war. Dann fließen Tränen unter den Martinsleuten. Ohne Laterne gehöre ich doch nicht mehr dazu. Aber dann sagt ein anderes Kind: »Du kannst an meiner Laterne mit anfassen.« Vier Hände an einem kleinen Holzstock. Und die Gesichter rot vor Freude. Martinsleute, Boten für eine Welt, in der geteilt wird.
Fragst du dich manchmal, wie dein Leben Sinn bekommen kann? Du kannst dir vieles leisten und bist dennoch unzufrieden? Ich wünsch dir, dass du merkst, wie diese Welt dich braucht. Dass du dafür bestimmt bist, für andere da zu sein. Dass Blinde und Lahme in den Gassen Kalkuttas dich ebenso brauchen wie die Obdachlosen unter den Brücken unserer Städte. Dass du über diesen Aufgaben merkst: Mein Leben hat einen Wert. Ich kann Licht in das Dunkel der Armut bringen. Obwohl ich abgebe, werde ich reich. Tief drin in meinem Herzen häufe ich mir einen Schatz an.

Nicht aller Tage Abend

Noch ist nicht aller Tage Abend, sagt man. Alleinerziehende empfinden das aber oft so. Vor allem Mütter sind es ja, die in einer solchen Lage so viele Lasten zu tragen haben. Da ist nicht selten die finanzielle Not. Da ist das oft unzufriedene Kind, das immer wieder mit dem Argument kommt: Papa würde mir das erlauben. Da sind vor allem die einsamen Stunden am Abend. Wo man sich sorgt, wie es weitergehen soll. Ob man für immer in dieser Einsamkeit bleibt. Wo Fragen nach Schuld und Scheitern einem den Atem abschnüren. Wo niemand da ist, mit dem man die kleinen Sorgen des Alltags besprechen kann. Da kommt schon einmal das Gefühl auf, dass aller Tage Abend erreicht ist. Dass die Sonne nicht mehr aufzugehen scheint.

Solche Zeiten haben auch, wie alle Krisenzeiten, ihre Chancen. Die Beziehung zum Kind kann, bei allen Problemen, eine besonders intensive werden. Die Zeit heilt die Wunden, die das Scheitern einer Beziehung geschlagen hat. Ein neuer Anfang geschieht ohne die Fehler, die man beim ersten Mal gemacht hat. Aber das sagt sich leichter, als es getan ist.

Ich wünsch dir in dieser Zeit ganz besonders gute Freundinnen und Freunde. Die du auch zu später Stunde anrufen oder besuchen kannst. Die dir zuhören, wenn du ihnen deine Sorgen erzählst. Die dich auch einfach nur mal stumm in den Arm nehmen, um dir zu zeigen: Ich stehe dir bei, was immer da kommt. Die dich nach dem Gespräch aufatmen lassen, weil du das Gefühl hast: Es ist nicht aller Tage Abend. Die Sonne, sie geht am nächsten Tag auch für mich wieder auf.

Wenn Engel Plätzchen backen

Oma, warum ist denn der Himmel dort hinten so schön rot?
Manche Großmütter erzählen bei Abendrot ihren Enkeln, dass in diesem Augenblick die Engel Plätzchen backen. Solche Bilder haben für Kinder etwas ungemein Beruhigendes. Auch sie kennen ja Sorgen. Sie fürchten sich vor dem Dunkel, vor der Nacht. Diesen Sorgen setzen die Großmütter etwas ganz Schlichtes und Positives entgegen: Plätzchen und Engel. Nahrung für Leib und Seele. Kinder erahnen bei dieser Vorstellung etwas von den rettenden Kräften dieser Welt, die stärker sind als alles Unheil, das da kommen mag.
Erwachsene können hierin von den Kindern lernen. Die Finsternis, vor der wir Erwachsenen uns fürchten, sitzt tief in uns drin und bricht nicht offen hervor. Wenn wir wie gelähmt sind, weil uns eine schlechte Nachricht erreicht hat. Wenn wir nicht mehr wissen, wie unser Leben weitergehen soll. Die Rede von den Engeln, die Plätzchen backen, tun wir dann ab. Warum eigentlich? Die Engel, die Plätzchen backen, sind ein Symbol. Symbol dafür, dass bei aller Not an Leib und Seele das Rettende nah ist. Wir aber sind versucht, uns durch ein Unglück ganz aus der Bahn werfen zu lassen. Nur noch schwarz zu sehen.
Ich wünsch dir den Sinn für Symbole, für versteckte Zeichen, die dir das Rettende in schweren Zeiten ansagen. Dass du in Krisenzeiten nicht nur schwarzsiehst und dich in deine Sorgen einspinnst. Ich wünsch dir, dass du dich in dieser Zeit der Aufregung auch wieder beruhigst, weil du spürst: Mir wachsen Kräfte zu, die mich an Leib und Seele gesunden lassen.

Seht ihr den Mond dort stehen?

Der Mann steht am Fenster des Krankenzimmers. Morgen werden sie ihn operieren. Krebs. Sie wollen ihm einen Teil der Lunge herausnehmen.
Die Operation macht ihm Angst. Er denkt an frühere Zeiten. Als sie seinen 50. Geburtstag gefeiert haben im Kreis der Freunde. Ob er jemals wieder so unbeschwert sein wird? Keine schweren körperlichen Arbeiten soll er mehr verrichten. Ausgerechnet er, der er doch so gerne anpackt.
Er will die Schwester rufen und um eine Schlaftablette bitten. Da entdeckt er etwas am dunklen Himmel: Der Mond lugt hinter dem Waldrand hervor. Langsam steigt er höher. Vertraute Verse aus der Kindheit steigen in dem

kranken Mann auf: *Seht ihr den Mond dort stehen? Er ist nur halb zu sehen und ist doch rund und schön.*

Das hat seine Mutter mit ihm gesungen. Wer hat den Mond gemacht, Mama? Sie hat ihm geantwortet: Der, der auch dir das Leben geschenkt hat. Jetzt wird ihm dieser Satz zum Trost. Mal ist der Mond ganz zu sehen, dann halb, dann gar nicht. Und dennoch ist er immer rund und schön. So ist es auch mit meinem Leben, sagt er sich. Jetzt, am Abend vor der Operation, ist die Zukunft nicht zu sehen. Morgen vielleicht schon ein wenig mehr. Und irgendwann erkenne ich, dass mein Leben rund und schön ist. Trotz aller Einschränkungen. Warum sollte es mir schlechter ergehen als dem Mond? Wo wir doch den gleichen Schöpfer haben?

Ich wünsch auch dir in ungewissen Zeiten das Vertrauen, dass dein Leben rund und schön ist.

Stern, auf den ich schaue

Der sowjetische Kosmonaut Jurij Gagarin hat als erster Mensch die Erde in einer Raumkapsel umkreist. Als er zurückgekehrt war, soll er gesagt haben: »Gott habe ich nicht gesehen.« Daraufhin hat ihm einer zugerufen: »Sie sind ja auch nicht ausgestiegen, Herr Gagarin!« Aber auch wenn Gagarin damals ausgestiegen wäre, hätte er Gott nicht entdeckt. Denn Gott entdecken nur die, die für ihn offen sind.

Heute verschließen sich viele gegenüber Gott. Dafür gibt es gute Gründe: schlechte Erfahrungen mit der Institution Kirche oder einzelnen Amtspersonen, Zweifel, dass es eine höhere Macht überhaupt gibt, Verdrängen der entscheidenden Lebensfragen. Aber zugleich hat es noch nie so viele suchende Menschen gegeben. Suchende, die nach Sinn und Ziel ihres Lebens fragen. Wir können scheinbar nicht leben ohne die Beziehung zu einem höheren Wesen. Sonst tappen wir mit unserem Leben im Dunkeln und finden das Ziel nicht.

In früheren Zeiten haben sich Reisende in der Nacht an den Sternen orientiert. Sie haben ihnen den Weg zum Ziel ihrer Reise gezeigt. Das sehen wir schon bei den drei Weisen aus dem Morgenland. Sie haben sich den Weg nach Bethlehem durch einen Stern zeigen lassen.

Ich wünsch auch dir so einen Stern, der dir den Weg auf deiner Lebensreise weist und dich zu einem guten Ziel führt. Ich wünsch dir, dass du offen bist für die entscheidenden Fragen deines Lebens. Der Blick zu einer höheren Macht, der Blick nach oben, macht dich nicht klein, sondern richtet dich auf.

Nach den Sternen greifen

Das wollen viele werden. Du bist zu dick. Du willst nach den Sternen greifen.
Solche Sätze hörte sie von ihren Freundinnen fast täglich. Denn sie wollte an die Hochschule für Ballett, wollte dann Primaballerina am großen Theater der Stadt werden.
Aber die Vierzehnjährige ließ sich nicht entmutigen. Neben der Schule kannte sie nur ihr Ballett. Dann kam die Aufnahmeprüfung. Sie war sehr aufgeregt. Fehler schlichen sich ein. Nein, sagte eine der Prüferinnen, Sie gehören leider nicht zum Kreis derer, die wir aufnehmen. Alles Gute und so weiter. Der Schmerz saß tief.
Seitdem sind mehr als dreißig Jahre vergangen. Studium, Kinder, halbe Stelle bei einer Konzertagentur. Nein, ihr Le-

ben ist durchaus abwechslungsreich gewesen. Aber fragt man sie heute nach der glücklichsten Zeit, dann sagt sie: Damals, als ich mich auf die Prüfung an der Ballетthochschule vorbereitet habe.
Aber wieso denn? Sie sind doch gescheitert!
Darauf antwortet sie: Trotzdem. Damals war ich so glücklich, weil ich nach den Sternen gegriffen habe.
Lassen wir uns nicht viel zu oft einschüchtern mit Sätzen wie: Das schaffst du sowieso nicht? Solche Sätze entmutigen. Die Gefahr besteht, dass das Leben nur noch dahinplätschert, weil wir uns nichts mehr zutrauen.
Ich wünsch dir das Selbstvertrauen, gelegentlich auch mal nach den Sternen zu greifen. Dass du dich herausfordern lässt von großen Aufgaben, auch wenn andere dir das nicht zutrauen. Selbst wenn du scheitern solltest, wirst du an diesen Aufgaben wachsen.

Sterne als Lebenszeichen

Jedes Kind kennt sie: die Geschichte vom König der Löwen. Sie ist eine Fabel, ein Spiegel menschlichen Verhaltens. Es geht um Macht, um Bruderzwist, um Tod und ewiges Leben. Pädagogisch bedenklich, sagen manche. Sie kritisieren die Schwarz-Weiß-Malerei, die Unterteilung in die Guten und die Bösen. Mag sein, dass da was dran ist. Aber zumindest *eine* wichtige Szene hat die Geschichte: als der König der Löwen mit seinem kleinen Sohn Simba am Abend zum Himmel blickt. Sie sehen die Sterne. Simba fragt, als ob er den baldigen Tod des Vaters vorausahnen würde, ob sie beide, Vater und Sohn, immer beisammenblieben. Der Vater zeigt auf die Sterne. Er sagt dem Sohn, nach seinem Tod werde er einer dieser Sterne sein und ihn, Simba, begleiten. So habe er es wiederum von seinem Vater erfahren. Was Kinder durch diese Symbolsprache erfahren: Der Tod verliert seine Macht, weil es möglich ist, dass Lebende und Tote miteinander verbunden bleiben.

Auch Jesus hat gespürt, dass sein Tod nahe ist. Auch er wollte seine Freunde nicht ohne Trost, ohne ein Zeichen hinterlassen, das ihnen seine Nähe schenkt. So hat er Brot und Wein mit ihnen geteilt und ihnen zugesagt: Wann immer ihr das in meinem Namen tut, bin ich mitten unter euch.

Ich wünsch dir, dass du in Zeiten der Trauer Orte und Rituale findest, um denen nahe zu sein, die du in diesem Leben geliebt hast. Möge der Sternenhimmel auch dir sagen, dass das Leben mit dem Tod nicht endet, sondern nur in eine andere Wirklichkeit übergeht.

Geduld haben

Der Junge hat einen großen Wunsch zu Weihnachten: eine Ritterburg. Am Vorabend zur Heiligen Nacht hört er, wie die Eltern vom Einkauf zurückkommen. Durch das Schlüsselloch erkennt er ein großes Paket. Ist es die Ritterburg? Er hält es nicht aus. Als die Eltern in der Küche beschäftigt sind, schleicht er sich in ihr Schlafzimmer. Hinter dem Schrank steht das große Paket. Die Ritterburg.

Am Heiligen Abend bereiten die Eltern die Bescherung vor. Der Junge muss in seinem Zimmer warten. Dann läutet das Glöckchen. Bescherung. Der Weihnachtsbaum erleuchtet geheimnisvoll das dunkle Wohnzimmer. Unter dem Baum ein großes Paket. Die Ritterburg. Die Eltern beobachten ihren Jungen, wie er das Geschenkpapier abmacht. Jetzt muss er den Überraschten spielen. Es will ihm nicht recht gelingen. Mama fragt gar: »Freust du dich überhaupt?« Irgendwie hat er sich die Weihnachtsfreude selbst verdorben.

Sind wir nicht oft ungeduldig wie die Kinder? Wollen wir nicht immer schon wissen, was das Leben für uns bereithält? Ja, es ist schwer, Krisen auszuhalten. Am besten, alles wäre ganz schnell vorbei. Aber wer nicht warten kann, vergibt sich eine wichtige Lebenserfahrung.

Ich wünsch dir die Kraft zum Warten. Ich wünsch dir Offenheit für Überraschungen im Leben. Ich wünsch dir das Strahlen eines Kindes, wenn es in der Heiligen Nacht seinen Traum erfüllt bekommt. Ich wünsch dir eine Heilige Nacht, in der sich dir das größte Wunder erschließt: Gott kommt auf die Erde.

U
H
Sendlinger Tor
27

Deine Stunde

München auf dem Marienplatz. Die einen hasten in die U-Bahn-Schächte und essen dabei eine Bockwurst. Andere eilen aus den Geschäften und telefonieren dabei. Eltern trösten ihre Kinder und studieren dabei den Stadtplan.

Wir haben es uns angewöhnt, viele Dinge gleichzeitig zu tun. Warum tun wir das? Weil wir sonst unsere Termine nicht einhalten, unser Tagesprogramm nicht schaffen. Wenn wir dann nach Hause kommen, geht es so weiter: Geschirr ist zu spülen, Wäsche zu bügeln, die Katze braucht ihr Futter. Vorm Schlafengehen fallen wir dann erschöpft in den Sessel und zappen teilnahmslos durch die Fernsehprogramme. Termine und Verpflichtungen haben unser Leben im Griff. Wer so lebt, verliert etwas ganz Wichtiges: Zeit für sich selbst.

Wir brauchen aber solche Zeiten. Auszeiten für die Seele. Damit wir auftanken können. Damit wir genießbar bleiben für unsere Mitmenschen.
Wie wäre es, wenn du dir am Abend eine solche Auszeit gönntest? Eine Stunde, die du nur für dich selbst hast? Über die du wachst und die du dir durch keinen anderen Termin verdrängen lässt? Da ist das Telefon abgeschaltet. Der Fernseher mit seiner Bilderflut ist aus. Nichts kann dich stören. Du tust etwas, was dir gut tut: Du hörst Musik, betrachtest in aller Ruhe ein Bild oder liest ein Buch.
Ich wünsch dir, dass du dir eine solche Stunde jeden Tag gönnst. Der Abend verwandelt sich dann zum Feier-Abend. Der Tag mit all seiner Hatz ist erträglich, weil du weißt, dass du am Abend noch etwas Wunderbares vor dir hast: deine Stunde.

Das große Lagerfeuer

Am Anfang war alles eitel Sonnenschein. Kinder haben Blumen gestreut, ein Leuchten lag in den Augen des Brautpaars. Doch irgendwann kommt der Alltag mit all seinen kleinen und großen Sorgen. Die beiden merken: Wir streiten uns immer öfter. Gegenseitig versuchen sie sich zu erziehen, damit der eine so wird, wie der andere ihn haben will. Aber das geht schief, dieses Verbiegenwollen des anderen. So stehen sie nach wenigen Jahren vor dem Scherbenhaufen ihrer Ehe. Was tun?

Sie besuchen ein Eheseminar. Ursachenforschung. Was kommt bei jedem Streit immer wieder hervor? Die beiden finden eine ganze Reihe der so genannten Leichen im Keller. Das sind die Vorwürfe, die den anderen besonders verletzen. Die auch überzogen, ja teilweise schlicht falsch sind. Die im Streit aber einen Punktsieg sichern. Ihn dadurch jedoch nur noch mehr eskalieren lassen.

Es ist der letzte Abend des Eheseminars. Ein großes Lagerfeuer lodert in den dunklen Himmel. Man hat die Paare gebeten, die immer wiederkehrenden Vorwürfe, die so verletzen, auf Zettel zu schreiben. Auch unser Paar zeigt sich noch einmal die Zettel. Dann werfen sie die Zettel ins Feuer und geloben sich gegenseitig: Diese Leichen holen wir nicht mehr aus dem Keller unserer Seele hervor.

Harmonie pur ist damit noch nicht garantiert. Aber das Streiten verliert an Schärfe. Und langsam wächst das, was eine gute Beziehung so dringend braucht: die Bereitschaft zum Vergeben und das Annehmen des anderen, so wie er ist.

Dass das auch dir in deinen Beziehungen gelingen möge, das wünsch ich dir.

Das goldene Rezept

Jetzt sind sie bald fünfzig Jahre verheiratet. Vier Söhne haben sie großgezogen. Krisen aller Arten haben sie durchgemacht. Dennoch wirken die beiden wie frisch verliebt. Die Frage drängt sich auf: »Habt ihr nie Streit gehabt in eurer Ehe?« – »Aber natürlich haben wir auch Streit gehabt. Gar nicht so selten«, sagt der Mann. – »Und trotzdem war eure Ehe glücklich?«

Dieses Mal antwortet die Frau: »Ja, die Ehe war für uns ein einziges Geschenk. Wir sind glücklich wie am ersten Tag.« – »Aber wie passt das zusammen? Habt ihr ein Rezept für glückende Beziehungen?« – Ohne lang nachzudenken, sagt der Mann: »Nie den Streit mit in den Schlaf nehmen. Das ist das goldene Rezept.«

Wer den Streit mit in den Schlaf nimmt, der gibt dem Bösen die Möglichkeit zum Wuchern. Am nächsten Morgen, da hat das Böse sich schon in unserem Herzen festgesetzt. Dort geht's so leicht nicht mehr raus. Das Ehepaar hat es sich zur Regel gemacht, den Streit, der sich am Tag ergeben hat, in ruhiger Atmosphäre vor dem Schlafengehen noch einmal durchzusprechen. Versöhnt schläft es sich besser. Das gilt für alle Beziehungen, die vom Streit heimgesucht sind.

Ich wünsch dir die Kraft zur Versöhnung vor dem Schlafengehen. Wenn du das schaffst, kommen gute Träume von ganz alleine. Ein solcher Traum kann die Fahrt auf einem Schiff sein. Nach einem Sturm auf rauer See gleitet es nun durch ruhiges Wasser. Zwar ist es dunkel. Aber das Schiff fährt der Sonne entgegen. Wie Gold zieht sie am Horizont auf.

Gute Mächte

Er sitzt im Gefängnis. Karges Essen. Eintöniger Tagesablauf. Weihnachten, der Jahreswechsel, das wird traurig werden. Die junge Braut ist weit weg. Dietrich Bonhoeffer hat sich aufgelehnt gegen das Schreckensregime. Er muss mit dem Schlimmsten rechnen. Mit der Todesstrafe. Die Braut wird er nie wieder sehen. Haben wir da nicht einen gebrochenen Menschen vor uns, einen völlig verzweifelten?
Bonhoeffer schreibt in dieser Lage am 19. Dezember 1944 an seine Braut. Er erinnert an das alte Kinderlied: »Abends, wenn ich schlafen geh, vierzehn Englein bei mir stehn«. Von diesen Engeln fühlt sich Bonhoeffer in seiner bedrohlichen Lage umgeben: »Du darfst also nicht denken, ich sei unglücklich. Was heißt denn glücklich und unglücklich? Es hängt ja so wenig von den Umständen ab, sondern eigentlich nur von dem, was im Menschen vorgeht.«
Ich wünsch dir, dass auch du dich am Abend und am Morgen und alle Zeit bewahrt fühlst von Engeln, von guten Mächten. Dass du offen bist für die Boten einer anderen Wirklichkeit, die dich aufrichten wollen in schwerer Zeit. Bonhoeffer hat seiner Braut zu Weihnachten ein Gedicht geschenkt. Es sei auch dir ins Herz geschrieben:

Von guten Mächten wunderbar geborgen,
erwarten wir getrost, was kommen mag.
Gott ist bei uns am Abend und am Morgen,
und ganz gewiss an jedem neuen Tag.

Kerzen und Gebete

Mit allem habe er gerechnet. Nur nicht mit Kerzen und Gebeten. – Der General der Volkspolizei bringt es in der Verfilmung des Romans »Nikolaikirche« von Erich Loest auf den Punkt. Von Leipzig, der Heldenstadt, ging die Wende des Jahres 1989 in Deutschland aus. Der mächtige General muss sich eingestehen, dass seine Mittel, dass die Waffen und das Einschüchtern nichts mehr ausrichten. Kerzen und Gebete in der Nikolaikirche und anderswo haben die scheinbar übermächtigen Herren an der Staatsspitze in die Knie gezwungen.

Die Wende, wünschen wir sie uns nicht manches Mal auch für uns ganz persönlich? Wenn die Ehe zur Sackgasse wird. Wenn das Berufsleben nur noch eine Qual ist. Wenn wir uns zutiefst unge-

recht behandelt fühlen. Ich breche aus, sagen wir uns dann. Aber das geht nicht so einfach. Wir fühlen uns ohnmächtig. Wie soll sich da etwas zum Guten wenden? Was kann uns stärken in dieser Ohnmacht?
Ich wünsch dir die Kraft der Kerzen und Gebete. Dass du dir am Abend Kerzen anzündest. Ihr Schein soll dir anzeigen, dass es Kräfte gegen die dunklen Zeiten auch in deinem Leben gibt. Kräfte, die tief in dir drin sind und nur zum Leben erweckt werden müssen. Ich wünsch dir auch die Ruhe zum Gespräch mit dem Höchsten. Dass du in diesem Gespräch auftanken kannst gegen deine Ohnmacht. Mögen Kerzen und Gebete dir helfen, dein Leben zum Guten zu wenden.

recht behandelt fühlen. Ich breche aus, sagen wir uns dann. Aber das geht nicht so einfach. Wir fühlen uns ohnmächtig. Wie soll sich da etwas zum Guten wenden? Was kann uns stärken in dieser Ohnmacht?

Ich wünsch dir die Kraft der Kerzen und Gebete. Dass du dir am Abend Kerzen anzündest. Ihr Schein soll dir anzeigen, dass es Kräfte gegen die dunklen Zeiten auch in deinem Leben gibt. Kräfte, die tief in dir drin sind und nur zum Leben erweckt werden müssen. Ich wünsch dir auch die Ruhe zum Gespräch mit dem Höchsten. Dass du in diesem Gespräch auftanken kannst gegen deine Ohnmacht. Mögen Kerzen und Gebete dir helfen, dein Leben zum Guten zu wenden.

Ewiges Licht

Oft sind es die kleinen Sorgen, die uns nicht einschlafen lassen. Da ist in der Arbeit so einiges schief gelaufen. Da kann ich wieder einmal einen Schlüssel nicht finden. Da habe ich den Rotwein über das Sofa gekippt. Wer kennt solchen Ärger nicht? Das kann einem den ganzen Abend verderben, ja sogar den Schlaf rauben.
Was bei solchem Ärger helfen kann, ist eine Zeitreise. Ich stelle mir in Gedanken vor, wie das ein Jahr später sein wird: Habe ich dann nicht alles, was mich jetzt ärgert, vollkommen vergessen? Die Schwierigkeiten am Arbeitsplatz, den verlegten Schlüssel, den Rotweinfleck? Warum also soll ich jetzt diesem Ärger noch Macht über mich gewähren, wenn doch in einem Jahr sowieso nichts mehr davon da ist?
Aber es gibt auch die großen Sorgen, die mich Abend für Abend beschäfti-

gen. Das ist es schon schwieriger mit der Zeitreise. Gut ist da ein gelegentlicher Spaziergang über den nächsten Friedhof. Am besten in der Abenddämmerung. Dann sieht man nämlich auf vielen Gräbern Lichter in rotem Glas. Ewiges Licht. Dieses Licht erinnert uns an ganz andere Zeiträume. An solche ohne Begrenzung. Das können wir uns nicht vorstellen: Zeit, die niemals aufhört. Dennoch sind wir hineingenommen in diese Bewegung hin zum Ewigen. Die großen Sorgen gehen über diesen Gedanken nicht weg. Aber sie verlieren an Gewicht. Denn sie leben nicht ewig. Das habe ich ihnen voraus.

Ich wünsch dir Träume, die dich besseren Zeiten entgegentragen. Mögen kleine und große Sorgen nicht Macht über dich gewinnen und dir stattdessen Ewiges aufleuchten.

Der offene Himmel

Den vielleicht schönsten Traum beschreibt die Bibel. Es ist der Traum vom offenen Himmel. Kann uns ein solcher Traum helfen?

Manchmal haben wir das Gefühl, Gott und die Welt sind gegen uns. Wenn wir einen Fehler begangen haben und alle über uns herfallen. So war das auch bei Jakob. Er hat seinen Bruder ausgetrickst, hat ihn um den Segen des Vaters betrogen. Nun ist Jakob auf der Flucht vor dem Zorn des Bruders. Es wird Nacht. Er will sich schlafen legen. Er hat kein Zuhause mehr. Er schläft im Freien. Als Kopfkissen ein Stein. Dieser Stein steht für das Herz des Jakob: Versteinert war es, als er den eigenen Bruder betrogen hat. Hat er sich mit diesem Verhalten nicht alles verspielt? Bei den Menschen und bei Gott? Wie

wird er wohl schlafen auf diesem harten Stein?
Aber bei Gott kommt es anders, als man denkt. Er schenkt ihm, dem Fliehenden, einen Zufluchtsort: den offenen Himmel. Der geht Jakob im Traum auf. Er sieht eine Leiter, die von der Erde mit ihrer Spitze bis in den Himmel reicht. Auf dieser Leiter steigen Engel auf und ab.
Welch ein Traum! Und das auf dem harten Stein! Der Traum sagt dem Jakob: Wenn alle sich gegen dich stellen und sich dir verschließen – der Himmel steht dir immer offen. Am nächsten Tag nimmt Jakob den Stein und macht ihn zu einem Denkmal, das uns sagt: Mir hat sich an diesem Ort der Himmel geöffnet hat. Denkt mal dran.
Ich wünsch dir Träume, die dir Auswege eröffnen. Träume vom neuen Zuhause. Träume vom offenen Himmel.

Das Herz schlägt weiter

Ein Lastwagen hat ihn überrollt. Nur zwölf Jahre alt war Martin. Für die Eltern ist der Schmerz kaum auszuhalten. »Komm, wir setzen uns in Martins Zimmer«, sagt der Vater zu seiner Frau in einer dieser schlaflosen Nächte. Sie sehen die Poster an der Wand, den Schulranzen, die Fußballschuhe. Sie schweigen, weinen. Die Mutter geht zum Kassettenrekorder. Da ist noch eine Kassette drin. Der Junge hat etwas aufgenommen. Das letzte, was er angehört hat. Sie drückt auf den Startknopf.

In den nächsten Minuten sind Vater und Mutter wie verzaubert. Sie hören das Titellied zu einem Film, den sie mit Martin gemeinsam angeschaut haben. Der Film hat sie alle drei berührt: wie da in der Nacht dieses Riesenschiff versinkt. Die Titanic, die so viele Menschen mit in den Tod gerissen hat. »Aber der Film ist nicht nur grausam«, hat Martin damals gesagt. Er hat beschrieben, wie ihn die Liebe zwischen der Tochter aus besserem Hause und dem mittellosen jungen Mann auf dem Schiff ergriffen hat. Daran erinnern sich jetzt die Eltern, als sie das Titellied hören. Sie beginnen, den Text zu übersetzen: »Jede Nacht in meinen Träumen sehe ich dich, fühle ich dich.« Oh ja, das können sie auch auf ihre Situation übertragen. Und dann kommen die Verse: »Du bist in meinem Herzen. Und mein Herz wird weiter und weiter schlagen.« Vater und Mutter drücken sich stumm die Hände. Der Tod ist oft grausam. Aber er schafft es nicht, große Liebe zu besiegen. Sie lebt weiter in unseren Herzen.

Ich wünsch dir, dass du in deinem Leben große Liebe findest und zur großen Liebe wirst.

Das Schwere annehmen

Der kleine Max versteht seinen Vater nicht, wenn der sagt: »Ab, marsch ins Bett!« Immer wenn es am schönsten ist! Wenn das Fußballspiel in die Verlängerung geht. Wenn Harry Potter wieder einmal von der Zaubererschule zu fliegen droht. Gerade dann kommt dieser unerbittliche Ruf: »Ab, marsch ins Bett!« In solchen Augenblicken denkt Max, sein Vater meine es nicht gut mit ihm, weil er ihm nicht noch mehr Zeit zum Spielen, Lesen, Herumtoben gönnt.

Max wird irgendwann eine eigene Familie haben. In zwanzig oder dreißig Jahren, da hören seine Kinder am Abend den Ruf: »Ab, marsch ins Bett!« Denn Max weiß dann, dass Kinder ihren Schlaf brauchen. Eltern schicken ihre Kinder nicht zu Bett, um

sie zu strafen, sondern weil sie es gut mit ihnen meinen. Für die Kinder ist das nicht zu begreifen.
Vieles, was das Leben an Schwerem für uns Erwachsene bereithält, verstehen wir nicht. Nicht wenige hadern dann mit der höheren Macht, auf die sie vertrauen. Warum muss mir das zustoßen? Der Unfall, die Krankheit, der Verlust des Arbeitsplatzes?
Solche Gedanken sind verständlich. Wir sollten sie zulassen, unser Leid aussprechen, herausweinen, auch herausschreien. Daneben sollten wir vertrauen. Vertrauen darauf, dass wir das Schwere, was wir jetzt nicht begreifen, später in irgendeiner Weise annehmen können. Vertrauen darauf, dass es eine höhere Macht gibt, die uns das Unbegreifliche begreifbar macht.
Ich wünsch dir den Mut, dein Leid herauszuweinen. Ich wünsch dir, dass es dir gelingt, das Schwere in deinem Leben anzunehmen.

Zur Ruhe kommen

Hunderte, ja Tausende von Jugendlichen sitzen auf dem Boden einer Kirche. Es ist dunkel. Es ist kühl. Nur Kerzen schaffen etwas Licht und deuten Wärme an. Und dennoch: Die Jugendlichen sind absolut still. Ab und zu ertönen ergreifende Gesänge. In Latein, in vielen anderen Sprachen. Angestimmt von den Priestern in ihren weißen Gewändern. Und dazwischen immer wieder Stille. Lang anhaltende Stille. Wieso zieht es Jugendliche aus ganz Europa in dieses abgelegene Dorf in Frankreich, nach Taizé? Was reizt sie an diesem Ort, fern von dem Dröhnen der Diskotheken?

Die Jugendlichen brechen aus aus dem Lärm, der uns alle täglich umgibt. Wir hören den ganzen Tag ein Gewirr von Tönen und Stimmen. Was wir aber oft

nicht mehr hören, ist die Stimme in uns drin. Die Stimme, die uns fragt: Woher kommst du? Wohin willst du mit deinem Leben?
Wir verdrängen diese Fragen, leben einfach so vor uns hin. Tag für Tag spulen wir unser Programm ab, leben an der Oberfläche. Wer sich aber mit den entscheidenden Fragen des Lebens nicht auseinander setzt, wird unzufrieden. Für andere ungenießbar. Und vor allem: Der kann sich irgendwann selbst nicht mehr leiden.
Ich wünsch dir, dass du dir Zeit schenkst, um zur Ruhe zu kommen. Dass du auf die Fragen hörst, die dir deine innere Stimme stellt. Möge es dir gelingen, in der Stille die Kraft zu schöpfen, die dich im Lärm des Alltags trägt.

Die Sonne geht auf

Wie war der Urlaub? – Die meisten sagen: schön.
Auch wenn das Hotelzimmer winzig, das Essen überteuert und die Strandkörbe ausgebucht waren. Bei uns herrscht Glückszwang. Da kann man doch nicht sagen: Dieser Urlaub war nichts.
Manchmal ist es auch anders. Da erzählen Urlauber, was sie gemacht haben, und man meint: Das kann doch nicht schön gewesen sein. Zum Beispiel Ägyptenurlauber, die von einem Ausflug auf der Sinai-Halbinsel berichten: Geschlafen haben wir auf Luftmatratzen in der Wüste. Mitten in der Nacht sind wir aufgestanden. Für Frühstück kaum Zeit. Dann sind wir stundenlang bergauf gestiegen. Im Dunkeln. Frierend. Endlich waren wir auf

dem Gipfel. Dann haben wir dagesessen und gewartet. – Das soll ein schöner Urlaub gewesen sein?
Das Wichtigste fehlt noch. Das, was alle die Strapazen mit einem Schlag ausgelöscht hat. Das, was den Urlaub zu einem unvergesslichen Erlebnis gemacht hat: der Sonnenaufgang. Wie die Sonne sich da ganz langsam über den Horizont emporarbeitet. Wie die Berge ringsum zu leuchten beginnen.
Moses ist auf diesem Berg Gott begegnet. Viele, die da oben waren, sagen das von sich auch. Woran sie das festmachen? – Am Sonnenaufgang.
Wer die Sonne aufgehen sieht, lernt hoffen. Vor allem dann, wenn es vorher wüst und kalt und dunkel in uns drinnen war. Das ist eine der glücklichsten Erfahrungen, die das Leben für uns bereithält.
Ich wünsch dir, dass du ab und zu die Zeit findest, die Sonne aufgehen zu sehen. Gerade dann, wenn es in dir wüst und kalt und dunkel ist.

Lebensabend

Lebensabend. Ein Wort, dass viele erschreckt. Der Ruhestand, bringt er mir nicht das Gefühl, nicht mehr gebraucht zu werden? Später stirbt aus dem Freundeskreis einer nach dem anderen weg. Ja, und schließlich das körperliche Nachlassen. Die Beine machen nicht mehr richtig mit, ich werde gebrechlich. Sind das nicht Gründe genug, sich vor dem Lebensabend zu fürchten?

Man kann das auch anders sehen. Im Alter, da blicke ich auf mein Leben zurück. Erkenne viel Schweres, aber auch Zeiten des Glücks. Mit meinen Gedanken kehre ich zurück in die Tage der Kindheit, und ich blicke voraus. Alte sollen Träume haben, sagt ein Prophet in der Bibel. Ich träume davon, dass mein Leben sich rundet, voll wird, sich erfüllt. Ich lerne loszulassen und nehme bewusst Abschied. Noch einmal die Reise zu den Enkeln in die ferne Stadt. Noch einmal die Berge sehen. Noch einmal zu dem Ort, wo ich meine große Liebe fand. Noch einmal die Bücher lesen, die mein Leben so geprägt haben.

Das Leben erfüllt sich, das heißt, es nimmt zu an Erfahrungen, an Weisheit. Wie bei den Weinstöcken ist es, die im Oktober golden leuchten. Und ich reife wie die Trauben, die unter dem Goldlaub versteckt sind. Bald ist die Ernte.

Doch die Trauben leben weiter, veredelt zu erlesenem Wein. So vertraue ich darauf, dass mein Leben nicht einem Ende zugeht, sondern sich verwandelt, veredelt.

Ich wünsch dir solche Träume im Alter. Träume, die wahr werden. Träume, die die Gebrechen des Alters vergessen lassen. Träume, die den Lebensabend zum Höhepunkt des Lebens machen.

Der Träumer

»Du bist ja ein Träumer«, hatte schon seine Mutter zu ihm gesagt. Damals war er fünf Jahre alt und wollte später nach Amerika auswandern, um mit Kaffeebohnen zu handeln. »Du bist ja ein Träumer«, sagten die Lehrer zu ihm, als er, was oft geschah, erst beim dritten Mal die Frage hörte und dann auch noch eine völlig falsche Antwort gab. »Sie sind ja ein Träumer«, sagte ihm schließlich sein Betriebsleiter. Ihm hatte er vorgeschlagen, die Arbeit am Fließband ginge leichter von der Hand, wenn über Lautsprecher Mozart-Serenaden zu hören wären.

Eines Tages lag er auf der Station der Schwerkranken im Klinikum der Stadt. Die anderen drei im Zimmer waren des Klagens voll. Ob wir wieder gesund werden? Warum hat es gerade uns getroffen? Irgendwie bewunderten sie ihn: Wie er so still bleiben konnte.

Wie er so gelassen aussah mit seinem Walkman. Dann fragten sie ihn: »Sag, hast du keine Angst, weil du so krank bist?«

Er antwortete ihnen: »Nein.« Und nach einer Weile: »Ich bin halt ein Träumer.«

Oft werden sie belächelt: die Träumer. Das sind Menschen, die offen sind für Ungewöhnliches. Die überzeugt sind, dass es Dinge und Mächte gibt, die größer sind als die menschliche Vernunft.

Die Träumer haben es schwer in einer Zeit, in der alles »machbar« sein muss. In der selbst Kinder mit den Worten gelobt werden: »Du bist aber vernünftig!«

Ich wünsch dir den Mut zum Träumen. Dass du dein Leben nicht nach einem festen Plan abspulst. Sondern dass du offen bist für Wege, die in das Weite und Ungewisse führen.

Der Herr gebe dir Frieden

Einen Strauß voller Wünsche hab ich dir gebracht. Nun such ich noch nach etwas, was den Strauß zusammenbindet. Etwas, das über das bloße Wünschen hinausgeht. Etwas, das dir das wieder schenkt, was uns in die Wiege gelegt ist. Urvertrauen nennen es die Psychologen. Ein Neugeborenes spürt es, wenn es in das Angesicht der Mutter blickt. Es spürt: Das ist Liebe in höchstem Maße, die mir da entgegenleuchtet.

Ich such auch nach etwas, was dich schützt vor den Gefahren, die das Leben bringt. Etwas, was dir Frieden in deinem Inneren schenkt, wenn um dich herum ein Sturm tobt. Wo soll ich das alles finden?

Ich gehe die Bücher durch, die mir besonders lieb sind. Sehe mir alte Ge-

burtstagskarten mit vielen guten Wünschen an. Ob da etwas zu finden ist, das die Wünsche zusammenfasst? Schon will ich die Suche auf morgen vertagen. Aber vor dem Schlafengehen, da spreche ich am Bett den Kindern den Segen zu. Dann merke ich: Das ist er. Jener Zuspruch, der über das bloße Wünschen hinausgeht. Jener Zuspruch, der von Gott selbst erbittet, er möge der Gewährsmann dieser Wünsche sein. Alt ist er. Und bewährt. Auch dich soll er in eine ruhige Nacht mit guten Träumen geleiten:

Der Herr segne dich und behüte dich.
Der Herr lasse sein Angesicht
leuchten über dir und sei dir gnädig.
Der Herr erhebe sein Angesicht auf dich
und gebe dir Frieden.

Fotografie:
Andreas Beck, Beuron: Titel, S. 38, 48, 62
Norbert Eisele-Hein, München: S. 2, 8/9, 13
Klaus G. Förg, Rosenheim: S. 56/57, 70/71
Udo Haafke, Ratingen: S. 18/19, 26, 44/45,
52/53, 58/59, 72, 76/77
Thomas Jungmann, Landsberg am Lech: S. 37
Paul Mayall, München: S. 30/31, 78/79
Roland Schick, Innsbruck: S. 1, 25, 46/47
Kurt Schubert, Prien am Chiemsee: S. 6, 16,
22/23, 32, 35, 40/41, 50/51, 74/75
Günter Standl, Laufen: S. 15
Ernst Wrba, Sulzbach am Taunus: S. 11, 29,
54, 60/61, 64/65, 68/69

Seitenlayout, Satz und herstellerische
Betreuung: Impressum GmbH, München
Lithographie: reproteam siefert, Ulm-Böfingen
Druck und Bindung:
BAWA Print & Partner GmbH

ISBN 3-475-53139-9